NOTE

SUR L'INVASION DES SARRASINS

DANS LE LYONNAIS.

Lyon. — Typ. d'A. Vingtrinier.

NOTE

SUR L'INVASION DES SARRASINS

DANS LE LYONNAIS

PAR

AIMÉ VINGTRINIER

> ... Au surplus, le fait de l'incendie se déduit [illegible] de la présence des Sarrasins [illegible]
>
> Docteur MENESTRIER, *Annuaire du Jura* 18[illegible]

> La tradition [illegible] na recueilli que des contes sur les conquêtes et les ravages des Sarrasins.
>
> C. HAMBEYRON, *Recherches historiques sur la ville de Rive-de-Gier*

LYON

IMPRIMERIE D'AIMÉ VINGTRINIER

Rue de la Belle-Cordière, 14.

—

1862

NOTE

SUR L'INVASION DES SARRASINS

DANS LE LYONNAIS.

Un des évènements les plus graves de l'histoire de France, dont les conséquences ont failli changer non-seulement la face de notre pays, mais de la chrétienté tout entière, l'envahissement du pays des Visigoths et des Francs par les conquérants arabes a été si peu ou si mal décrit qu'on ne sait aujourd'hui où s'enquérir des détails de cette épopée, et que tout manque à l'investigation du savant.

Un samedi de la fin d'octobre 732, dit M. Henri Martin, le 3 octobre 732, disent quelques autres écrivains, Abdérame fut vaincu, dans les plaines de Poitiers, par le célèbre chef austrasien Charles-Martel ; la déroute des Arabes fut affreuse ; leur camp, rempli de richesses, fut pillé, et eux-mêmes eurent une peine infinie à regagner Narbonne ou à traverser les Pyrénées ; pour ce premier fait, c'est à peu près tout. Arabes et chrétiens gardent sur cette défaite un prudent silence. Et cependant la France était sauvée, le christianisme restait possesseur du continent européen, et la fortune du Prophète avait reçu un échec dont la honte ne devait jamais s'effacer.

On sait encore vaguement que Lyon, Mâcon, Autun furent pris et ravagés, que la ville d'Auxerre eut le même sort ; que sa citadelle résista ; enfin que l'archevêque de Sens repoussa et mit en fuite les envahisseurs ; mais là aussi les dates précises et les détails nous font défaut. D'ailleurs le vaillant prélat n'eut-il affaire qu'à une troupe de fourrageurs traversant la France par l'Aquitaine et l'Orléanais avant le désastre de Poitiers, et venue, par hasard, se heurter aux murs de sa petite cité, comme l'avance M. Henri Martin (1), ou eut-il à repousser cette armée formidable d'Athim et d'Amorrhée (2), venue, quatre ans plus tard, par la vallée du Rhône, pour attaquer les Francs au centre de leur puissance, comme le soutiennent nos vieux chroniqueurs bourguignons ? les Arabes, qui devaient atteindre bientôt à une si haute civilisation, vinrent-ils en conquérants ou en ravageurs ? voulaient-ils piller ou coloniser ? détruisirent-ils dès leur premier choc toutes les cités qu'ils trouvèrent sur leur passage ou ne s'attaquèrent-ils qu'aux biens du clergé ? les avis sont partagés, ou plutôt l'histoire moderne n'a pas d'avis. Nul écrivain ne paraît attacher quelque importance à ces détails. Moins dédaigneux, nous allons essayer de nous prononcer, et dès l'abord nous ne cacherons point nos sympathies pour nos vieux chroniqueurs, et cela uniquement parce qu'ils habitaient le pays où ces terribles événements se sont passés.

(1) *Hist. de France*, tome 2.

(2) « L'émir Othman, l'*Adthima* des chroniqueurs.... l'émir Omar, l'*Amor* de nos chroniqueurs. » (Henri Martin, *Hist. de France*, tom. 2 ; Reinaud, *Invasions des Sarrazins*).

L'histoire écrite au fond d'une bibliothèque, avec l'aide de copistes et de collectionneurs qui cherchent des dates et vous préparent vos matériaux, pourra bien briller par un plan vaste, une philosophie sévère, un style magique et des qualités d'ensemble qui assurent la vogue à votre ouvrage et l'immortalité à votre nom; mais si les grands faits sont rapportés d'une manière satisfaisante, combien de détails vous échappent! combien d'erreurs vous répétez avec vos devanciers (1)! Aujourd'hui la science commence à vouloir visiter elle-même les lieux qu'elle décrit. Elle suit pas à pas la marche des armées, cherche le gué des rivières, tourne le flanc des montagnes et voit pourquoi telle invasion s'est arrêtée. Des hommes spéciaux font l'histoire d'une cité ou d'une province et, en face d'un champ de bataille, comprennent le choc des bataillons, voient fuir les vaincus, campent ou marchent avec les vainqueurs. La chronique du château explique celle de la contrée, la tradition vient en aide aux documents écrits; l'histoire provinciale se forme, et, sous le contrôle de l'homme du pays qui a vu, l'histoire générale se complète ou se rectifie, l'obscurité se dissipe, et le savoir patient trouve enfin la vérité.

Pour connaître ce qu'a été le séjour des Sarrasins dans nos contrées, il faut, non pas consulter les érudits, surtout ceux qui ont écrit loin de nous, mais aller de chaumière en chaumière, des marécages de la Dombes aux flancs escarpés du Jura. Là, tout vous rappellera le passage, les triomphes ou les défaites de ces guerriers que le fanatisme amena du fond

(1) « Le P. Berthaud et le P. Perry placent l'irruption des Sarrasins en Bourgogne en 719 et 720. Ces dates sont certainement inexactes. » (FORGET, *Hist. de Châlon-sur-Saône*).

C'est, à son tour, victime d'une profonde erreur que Victor Fouque, dans son *Histoire de Châlon-sur-Saône*, prétend que la Bourgogne fut envahie de toutes parts par les Sarrasins, commandés *par leur roi Abdérame*.

des déserts de l'Asie, et dont la grande histoire a si bien perdu les traces qu'elle ne sait plus où les trouver. Une lettre de Leidrade à Charlemagne nous apprend qu'il relève les monastères détruits par les Sarrasins ; la Chronique de l'abbaye d'Ambronay atteste que le monastère, fondé par saint Maur, l'église consacrée à la Sainte-Vierge et la statue, objet de la vénération des fidèles, ont été renversés par les païens. Ces païens n'étaient pas les Hongrois venus deux siècles plus tard, puisque saint Barnard avait déjà, en 803, reconstruit la chapelle et le couvent. L'histoire de Lyon nous apprend que les recluseries de la Platière et de Saint-Clair, les églises de Saint-Georges et de Saint-Paul, les abbayes déjà célèbres de Saint-Pierre et de l'Ile-Barbe étaient tombées sous les coups des sectateurs du Coran, mais ni M. Henri Martin ni nos autres historiens ne nous disent quel fut le sort des armées musulmanes après les derniers triomphes de Charles-Martel ; M. Reinaud ne croit pas que des tribus sarrasines aient pu rester parmi nous, et M. Pilot met au nombre des fables la prise de Grenoble par les Maures et la présence de bandes sarrasines dans les montagnes du Dauphiné.

Quant à nous qui, au fond de nos vallées, avons vu ces familles au teint brun, aux coutumes bizarres, au nom sans contredit oriental, et qui se disent elles-mêmes d'origine arabe, nous croyons qu'on pourrait compléter ce que l'histoire ne dit pas ou rectifier ce qu'elle avance d'erroné. Les tribus arabes n'ont pas regagné l'Espagne, et cependant elles n'ont pas été anéanties par les Francs. Poursuivies par un ennemi supérieur, elles ont traversé la Saône et se sont réfugiées dans les marécages de la Dombes, les forêts de la Bresse ou les gorges escarpées du Jura et du Dauphiné ; la preuve, c'est qu'elles y sont encore. Si l'homme qui écrit l'histoire d'un peuple ne peut approfondir tous les faits, si l'écrivain systématique nie, de parti pris, ce qui lui paraît singulier ou bizarre, c'est aux esprits moins vastes ou moins entiers à descendre dans ces infiniment petits qui auront peut-être aussi un jour leur utilité et leur importance.

Battus à Poitiers, qu'ils traversaient en allant s'emparer du trésor de Saint-Martin, et bien avant d'avoir atteint cette Neustrie qu'on leur avait dite si opulente et si bonne à ravager (1), les Arabes et les Bérébères, âpres à la conquête, avides de pillage et ardents à se venger, après avoir, pendant quatre ans, réparé les désastres de leur défaite, attaquèrent le pays des Francs par la partie orientale, plus facile à envahir. D'immenses renforts accourus de l'Afrique et de l'Asie avaient couvert l'Espagne, franchi les Pyrénées et s'étaient répandus dans cette Septimanie où déjà plus d'une fois les Visigoths leur avaient tendu la main (2). Organisés en vue de toutes les pré-

(1) « L'Espagne fut donnée pour la seconde fois à Abdoulrahman-Ben-Abdoullah-el-Gafiki, l'année de l'hégire 113, et la neuvième du califat d'Aecham (731)... Dès que cette révolte fut dissipée, Abdoulrahman résolut de porter la guerre au dehors et d'occuper les Arabes... il se jette dans l'Aquitaine, passe la Garonne et s'empare de Bordeaux... Il traverse le Périgord, la Saintonge, le Poitou... Il pénètre jusqu'à Tours... Eudes implore le secours de Charles-Martel. Ce prince, justement alarmé du danger commun, marche contre les Arabes avec toutes les forces de la Germanie, de l'Austrasie, de la Bourgogne et de la Neustrie. » (Cardonne, *Hist. de l'Afr. et de l'Esp. sous la domination des Arabes.*)

« Les Barbares essayèrent même de se venger sur les provinces de Charles-Martel de la défaite que ce grand capitaine leur avait fait essuyer quelques années auparavant. Leurs détachements, *occupant de nouveau Lyon*, envahirent la Bourgogne. » (Reinaud, *Invasions des Sarrazins.*)

On voit que l'envahissement de la Bourgogne suivit la bataille de Poitiers et ne la précéda pas.

(2) « Entreprenans la guerre d'un grand cœur (les Visigoths) appellerent en leur ayde les Sarrazins, encores ennemys des François, pour raison de la perte qu'ils avoient receu devant Tours. Ainsi tous ensemble viennent passer le Rhône... et tirant outre prindrent quasi toute la Bourgongne. » (Guillaume Paradis, *Annales de Bourgogne.*)

« Alhatan... leur avoit commandé... de venger Abdérame et de se sou-

visions; accompagnés de leurs femmes et de leurs troupeaux comme pour coloniser (1), mais surtout fiers d'une cavalerie nombreuse et sans égale, les Arabes remontèrent le cours du Rhône sans presque livrer de combats (2). La Bourgogne, écrasée par le despotisme et l'avidité des Francs, ouvrit ses portes aux musulmans qu'elle reçut presque comme des libérateurs (3).

venir incessamment de la bataille de Tours. Les chefs qu'il leur donna furent A'ban et Amouchee qu'il jugea capables d'un si grand emploi..... Nulle chose ne fut espargnée. Lyon, Mascon, Auxerre et toutes les villes de la Bourgogne, jusqu'à Sens, furent saccagés. » (Chorier, *Hist. du Dauphiné.*)

(1) « Le témoignage des plus anciennes chroniques nous assure que les Arabes, en franchissant les Pyrénées, entraînaient après eux leurs femmes et leurs enfants, comme s'ils eussent eu le dessein formé de s'établir sur ce sol nouveau pour eux. » Noël Desvergers, *L'Arabie*, p. 342.)

« Saraceni cum uxoribus et parvulis venientes... » (Warnefrid, *Hist. Longobard.*)

(2) « Au moment de ce vaste choc, les Arabes, encore dans la première ferveur de l'Islam, avaient plus d'humanité, de moralité, de lumières que les Franks. » Henri Martin, *Hist. de France*, tom. 2.)

(3) « La Bourgogne paya chèrement sa résistance aux prétentions de Charles ; ce royaume fut partagé entre ses partisans les plus dévoués. Les Bourguignons furent exclus de toutes les magistratures et subirent les conséquences d'une invasion étrangère. » Forgex, *Hist. de Châlons-s.-Saône.*)

« Les bandes teutoniques commirent sans doute, dans cette expédition, de bien grandes violences, et les leudes franks ou germains, qui avaient dépossédé les comtes *romains* ou *burgondes*, exercèrent une bien brutale tyrannie, car il s'alluma contre le règne des Franks des haines qui ne tardèrent pas à éclater de la manière la plus étrange. » H. Martin, *Hist. de Fr.*, t.2.)

« 737. — Comme Martel estoit usurpateur, chaque gouverneur croyoit avoir droit de lui désobéir et trenchoit du souverain. Mauronte, gouverneur de Marseille, afin d'establir son indépendance, appella le secours des Sarrazins et leur livra la ville d'Avignon, d'où ils s'espandirent dans le Dauphiné, le Lyonnois et, s'il est croyable, même jusqu'à Sens. » (Mézeray, *Hist. de France*, t. 1, p. 131.)

« Les chefs des Bourguignons se flattèrent de recouvrer leur indépendance en favorisant l'invasion des Sarrasins. » (Lateyssonnière, *Recherches hist. sur le départ. de l'Ain*).

Le clergé seul protesta contre les propagateurs d'une religion nouvelle, et le clergé seul eut à subir les lois de la guerre avec une impitoyable rigueur. Les juifs surtout firent cause commune avec les musulmans, et leur influence, puissante dans toutes les cités, ne contribua pas peu à faciliter l'envahissement du pays (1). A Loudun, comme ils appelaient Lyon, les musulmans s'emparèrent des biens de l'Église, renversèrent les couvents (2), mais respectèrent la population; le culte extérieur fut seul défendu, les mœurs et les lois furent conservés (3).

(1) « Les Juifs étaient très-nombreux, très-riches et très-forts dans les villes septimaniennes, et ils secondaient partout la conquête ou de leurs intrigues en représailles des lois tyranniques portées contre eux. » (Henri Martin, *Hist. de France*, tom. 2.)

« L'évêque Agobard écrivait à l'archevêque de Narbonne Nibridius : Dieu merci, il n'y a plus de païens en ce pays, mais il y a quantité de juifs qui demeurent en cette ville et sont répandus dans tous les lieux circonvoisins. » Mézeray, *Hist. conc.*, p. 216

(2) « Les Sarrasins, dans leurs invasions, avaient dévasté la plupart des églises et des couvents et avaient aliéné les biens affectés à ces établissements. » (Reinaud, *Invasions des Sarrazins*.)

« L'an 732, Les Sarrasins entrent en Bourgogne, ruinent Autun jusques dans ses fondements. L'église de Saint-Nazaire fut brûlée avec tous les titres et papiers. Le monastère de Saint-Martin, fondé par la reine Brunehaut et où elle reçut la sépulture, fut pillé et détruit; celui de Saint-Jean-le-Grand eut le même sort. » (Edme Thomas, *Hist. d'Autun.*)

(3) « Les villes qui avaient capitulé conservèrent leurs comtes goths ou *romains*, leurs lois nationales et l'exercice de leur culte dans l'intérieur des églises, mais à condition de recevoir des garnisons musulmanes, de payer le *kharad*, tribut annuel qui variait du dixième au cinquième des revenus fonciers, et peut-être de livrer leurs chevaux et leurs armes, ainsi que les trésors de l'Eglise. Les domaines de la couronne et des citoyens morts en combattant les musulmans furent confisqués, probablement avec la majeure partie des biens de l'Eglise. » (Henri Martin, *Hist. de France*, tom. 2.)

« L'exercice libre de la religion chrétienne était garanti dans l'intérieur des églises. Toute église existante devait être conservée ; mais il n'en pouvait

Suivant leur tactique, et pour ne pas affaiblir leur armée, les Arabes confièrent la garde de la cité aux juifs et à quelques seigneurs bourguignons, et, comme force morale, laissèrent un poste de cavaliers autour du drapeau musulman. Ici, particulièrement, l'histoire est muette, mais la tradition parle, et grâce à elle on peut encore suivre le fil des événements.

Lyon était déjà une ville puissante qui, en se soulevant, aurait pu écraser même une forte garnison. Il n'eût pas été prudent de confier à son incertaine amitié la vie ou la liberté des soldats laissés à la garde du drapeau ; mais Lyon est arrosé par deux larges fleuves ; des collines l'entourent: sur quel point dut s'établir le poste arabe qui devait maintenir la paix de la cité, assez près pour savoir les nouvelles, assez loin pour ne pas être envahi par la révolte? les livres ne le

point être bâti de nouvelles sans l'autorisation du chef musulman. — Les lois anciennes du pays étaient maintenues. » (Hugo, *France monument.*, p. 232.)

« Les conditions imposées par les généraux musulmans aux villes conquises n'étaient ni trop onéreuses ni trop humiliantes, comparées au sort qui, à cette époque de barbarie, pesait sur les habitants des villes tombées au pouvoir d'ennemis chrétiens comme eux. » (Hugo, *France monument.*, p. 232.)

« Dans les cérémonies publiques, à Messine, on déployait deux étendards. Le premier, qui appartenait aux Sarrasins, représentait une tour de couleur noire sur un champ vert ; le second, qui servait aux Chrétiens, portait une croix d'or brodée sur un champ rouge. » (Ebn-Khaldoun, *Hist. de l'Afrique…*)

« Abdoulah, conformément à la loi mahométane, et pour éviter l'effusion du sang, offrit la paix à Grégoire en lui donnant à choisir d'embrasser l'islamisme ou de se rendre tributaire du calife. » (Cardonne, *Hist. de l'Afrique et de l'Espagne sous la domination des Arabes.*)

« On sait que de tout temps l'islamisme offrait aux vaincus deux partis : embrasser la foi musulmane ou payer tribut aux vainqueurs. » (Ebn-Khaldoun.)

savent pas, mais les gens de la campagne le savent, et c'est d'eux que nous l'avons appris.

Plus haut que la vieille ville gauloise, assise entre le premier confluent de ses deux fleuves; plus haut que le faubourg moderne de la Croix-Rousse, qui n'existait pas alors, la montagne allongée que le Rhône et la Saône entourent perd de sa largeur; on dirait que les deux fleuves amoureux, impatients de s'embrasser, ont fait un effort pour s'unir avant d'avoir à baigner les murs de la ville; en cet endroit fut jadis une villa romaine; aujourd'hui un riche et gracieux village y répand ses maisons. Un double chemin descend d'un côté au Rhône, de l'autre à la Saône; le Mont-d'Or s'étend vis-à-vis, comme un rideau. On a nommé Caluire, c'est là que s'élevait le drapeau du croissant.

Le camp arabe, gourbis ou tentes, était là, en effet, dans une admirable position, non loin des rivières, à l'abri de toute insulte, dominant l'espace, et prêt à s'envoler au rapide galop de ses coursiers si un danger sérieux l'eût menacé. Un conquérant voulant garder Lyon avec une poignée de soldats, ne pourrait choisir un meilleur emplacement; et, en effet, aujourd'hui même, c'est non loin de Caluire que le gouvernement français a établi le camp qui lui répond de la cité, sur l'emplacement où jadis Albin avait campé ses légions. Romains, Français, Arabes, peuples au génie militaire, ont compris que Caluire est la clef de la ville; la topographie n'a pas changé, le secret est resté le même; c'est toujours de là qu'on dominera Lyon.

Nous n'avons pas de preuves *écrites* de ce que nous avançons, mais le mamelon escarpé qui domine la campagne des Brosses, au levant de Caluire, s'appelle la *butte des Sarrasins*; le chemin qui descend au Rhône à travers les Brosses s'appelle la *voie des Sarrasins*, à une faible distance de là, au nord-est, se trouve la *ferme des Sarrasins.*

Les Arabes et les Bérébères envahirent la Burgondie, et, avides de conquêtes, fidèles à leur mission de convertir le monde, ils se dirigèrent vers le nord à la recherche des soldats de Charles-Martel. L'armée des Francs vaincue, l'Europe appartenait au croissant, c'en était fait de la chrétienté, et le rêve des Musulmans de rentrer dans leur patrie par Constantinople s'accomplissait ; mais avant de rencontrer les fiers soldats de l'Austrasie, les Arabes trouvèrent un ennemi bien plus puissant que les Francs, plus terrible que ces géants couverts de fer qui les avaient vaincus à Poitiers, ennemi dont les historiens n'ont jamais parlé, qui arrêta leur élan, brisa leur vigueur, dompta leur courage et méritait cependant d'être signalé pour avoir, mieux que la massue de Martel, protégé le sol gaulois contre la nuée de ses envahisseurs.

Lorsque le peuple de Dieu prévariquait, lorsqu'il épousait des femmes infidèles et encensait les idoles, l'esprit divin se retirait de lui, ses chefs étaient frappés d'aveuglement, et il était livré sans pitié à la fureur des Amalécites et des Philistins. Lorsque les enfants du Prophète eurent prévariqué à leur tour, lorsque la loi la plus formelle du livre sacré eut été violée dans les caves profondes de la Bourgogne, que le vin eut coulé dans leurs festins, que les tables n'eurent plus horreur de se charger des viandes impures et maudites de la Séquanie, que les lèvres des vrais croyants eurent savouré la chair immonde des porcs du pays des Éduens, c'en fut fait du fanatisme guerrier des conquérants ; la gloire du croissant s'éclipsa, l'amour du prosélytisme s'éteignit. Ne cherchez pas ailleurs la cause de la défaite des Arabes : la foi n'y était plus ; leur élan incertain ne put emporter la citadelle d'Auxerre, et il vint mourir contre les faibles remparts de la ville de Sens.

Alors, des bruits sinistres circulèrent au milieu des tribus. La jalousie qui avait toujours régné entre les Asiatiques et les

Africains se réveilla plus active et plus ardente que jamais.
Les Bérébères, les premiers, déclarèrent qu'ils se contentaient
des biens de la terre, et que d'autres pouvaient porter la
semence de la parole jusque dans les neiges d'Upsal, dans
ces lieux reculés et inconnus où Odin était encore adoré
comme un dieu (1). Alors l'archevêque Ebbon n'eut qu'à se
montrer à la tête de ses guerriers ; l'effroi des grandes forêts
de la Gaule du nord, le souvenir des frais coteaux de Dijon
et de Nuits firent tourner la tête en arrière aux cavaliers qui
avaient bravé le simoun, traversé l'Afrique brulante, et qui
devaient au départ conquérir le monde (2). Leurs escadrons
légers se répandirent sur les bords de la Saône, et, quand
Childebrand vint à marches forcées, par le centre de la France,
couper les renforts qui remontaient le Rhône, il y avait
longtemps que l'armée d'Athim et d'Amorrhée n'était plus
un danger pour les chrétiens.

Mais que faire de ces hordes souillées? de ces tribus qui
n'avaient plus de musulman que le nom? Les ramener en
Espagne, en Afrique, en Arabie, peut-être? Montrer aux
croyants de Médine et de Damas l'épouvantable spectacle

(1) « Il s'éleva des disputes entre les Arabes de Damas et ceux de
l'Arabie-Heureuse. entre les Bérébères et les Modarites. et ils se firent une
guerre cruelle. » (Hiouzzi, Mochob.)

« La vérité est que les Berbers sont un peuple bien différent des
Arabes. excepté peut-être les tribus des Sanhadjah et des Ketamah. qui.
selon moi. doivent être regardées comme parentes et alliées des Arabes.
Mais Dieu le sait. » *Histoire de l'Afrique sous la dynastie des Aghlabites.
par Ebn-Khaldoun.*)

(2) « Se sentans estre entrés trop avant en France et craignans d'estre
enclos, retournèrent en mesme hastiveté qu'ils estoient venus et retournant
en arrière achevoyent de brusler et détruire ce qui estoit demouré entier.
à ce que Charles-Martel ne trouvast rien d'entier après eux... Ainsi fut
toute la Bourgongne mise en ruine par les Visigoths et par les Sarrazins. »
(G. Paradin, *Annales de Bourgogne.*)

de musulmans ivres de vin ou gorgés des graisses impures
des troupeaux de la Séquanie! Un sacrifice était nécessaire,
il fut ordonné. L'influence occulte, mais toute-puissante des
marabouts et des imans, profita des divisions qui régnaient
entre les Arabes et les Bérébères : l'armée fut condamnée à
périr, et chaque scheik, chaque émir dispersa ses cavaliers
dans les forêts de la haute Bourgogne, les marécages de la
Dombes, les rochers du Bugey et du Dauphiné (1), au milieu
desquels, trois cents ans plus tard, les exilés vivaient encore
à l'état de nation à part, de peuple séparé et maudit, avec
ses lois, sa religion, ses mœurs, et où, aujourd'hui même, on
les retrouve avec étonnement soit organisés en villages, soit,
plus souvent, comme familles maintenues intactes, sans mé-
langes avec leurs voisins et ayant conservé sinon le culte,
du moins le type physique et moral de la race à laquelle
appartenaient leurs pères.

Lorsque Childebrand eut accompli sa mission et campé
avec l'avant-garde des Francs sur les bords du Rhône, que
l'approche de Charles—Martel eut été signalée par toutes les
voix de la renommée, la fureur des musulmans se réveilla,
et ils brûlèrent toutes les cités au milieu desquelles ils purent

(1) « Ravagée par les Huns, les Ostrogoths, les Bourguignons, les Lom-
bards et les Sarrasins... la Maurienne est peut-être de toutes nos provinces
celle dont l'histoire présente le plus de péripéties. » *Travaux de la
Soc. d'hist. et d'archéologie de la province de Maurienne.* 1er Bulletin. p.111.)

« Ce ne fut qu'au Xe siècle que les Sarrasins coupèrent le rocher sur
lequel s'élève la chapelle de sainte Thècle et desséchèrent la plaine. »
(L'abbé TRUCHET. *Notice historique sur la commune de Valloires*).

« Les Sarrasins avaient poussé leurs incursions jusque dans nos montagnes 942,. Hugues de Provence, roi d'Italie, les chargea de garder les
principaux passages des Alpes du nord contre son compétiteur Bérenger. »
(DEUS. *Voies romaines.* Revue Savoisienne. 15 avril 1861.)

« Nous citerons ensuite ces colons, d'origine évidemment étrangère,
qui vivent depuis des siècles isolés dans les **marais desséchés de la Bresse.** »
(ROGET DE BELLOGUET, *Ethnogénie gauloise.*)

promener leur vengeance. Alors eurent lieu ces atrocités qui remplirent d'effroi les populations, alors on vit ces dévastations dont les siècles ont eu de la peine à guérir les blessures, mais dont ils n'ont pu effacer le souvenir.

Parmi les lieux où on peut retrouver des traces de la fuite des musulmans, lorsqu'ils traversèrent la Saône, nous citerons particulièrement Châlon (1), Tournus, Boz, Uchizy, Sermoyer, Fleurville, Ozan, Arbigny, Mâcon, Lyon. Plusieurs tribus s'arrêtèrent dès qu'elles eurent mis la rivière entre elles et leurs ennemis ; à Pont-de-Veyle, à Louhans, en d'autres lieux encore, on montre la *chaussée* ou la digue des Sarrasins, dénomination qui, si elle ne prouve pas que ces ouvrages leur appartiennent, indique du moins combien leur nom est encore vivant dans le pays. Dans le Bugey, trois villes importantes furent détruites, et deux d'entre elles si complétement, qu'on ne sait où trouver le lieu où elles existaient. Isernore, à la douce appellation, a conservé les ruines d'un temple célèbre ; Orindinse a dû s'élever au confluent de l'Ange et de l'Oignin ; la ville des Tattes devait être sur les bords de la Valserine, non loin de Châtillon-de-Michaille. La *Chronique de Saint-Amand*, un des plus anciens documents de l'histoire du Bugey, ne donne que des détails incomplets à cet égard.

Les monastères de Nantua, d'Ambronay et de Saint-Rambert-de-Joux, dans la gorge de l'Albarine, furent renversés. La Franche-Comté, la Savoie, le Dauphiné se couvrirent de ruines. Les histoires de ces provinces donnent de

(1) Vers 645, le siége épiscopal de Châlon-sur-Saône était occupé par un homme de bien nommé Gratus qui habitait le faubourg Saint-Laurent : déjà à cette époque le faubourg communiquait avec la ville par un pont. Comme à Tournus et à Mâcon, le pont de Châlon servit de passage aux Sarrasins et fut détruit derrière eux.

douloureux détails sur les ravages que commirent les Orientaux.

Les tribus qui occupaient Lyon n'épargnèrent pas notre cité. Les troupes en marche et qui avaient dépassé Valence, vinrent se réfugier dans nos murs. Quand elles virent que la fortune devenait contraire et que la cause de l'islam ne se relèverait pas, le pillage, l'incendie et la dévastation assouvirent le besoin de vengeance de ces cœurs ulcérés ; Romains, Gaulois, Francs, Visigoths, tous devinrent égaux devant les terribles musulmans, qui n'étaient plus des convertisseurs zélés, mais de farouches ennemis Ce fut un massacre général, une ruine universelle, et dès lors le peuple de la cité ne prononça plus qu'avec une superstitieuse terreur le nom de cette race maudite de Dieu.

La ville détruite, les hordes musulmanes se retirèrent vers les montagnes à l'orient de Lyon (1), où elles rejoignirent les autres tribus fugitives ; mais désormais indépendantes, elles ne réunirent leurs drapeaux que pour lutter contre les difficultés du moment et pour se frayer un passage à travers les populations belliqueuses de ces contrées. La plaine d'Ambérieu conserve encore plusieurs castramétations qu'on leur attribue 2 ; les montagnes sont pleines de leurs noms; les

1 « Les Sarrasins qui ne purent opérer leur retraite en Provence ou en Septimanie, se réfugièrent dans les montagnes du Jura et du Dauphiné, et s'y retranchèrent dans des positions inexpugnables. Notre province Bresse et Bugey, est au nombre de celles qui furent envahies : elle leur servit de refuge en leur présentant des positions naturellement fortifiées. » Paul Guillemot, Monog. hist. du Bugey.

2 « Parcourons, dans le Bugey, les diverses contrées qui les recèlent, à commencer cette investigation dans la plaine qui s'étend des rivages du Rhône et de l'Ain jusqu'à la chaîne non interrompue des premières montagnes. C'est là que les Sarrasins sont arrivés après avoir saccagé Lyon. » (Paul Guillemot, Monog. hist. du Bugey.

flots de l'Albarine, comme ceux du Haut-Rhône, baignent la grotte des Sarrasins, la balme des Sarrasins, la chambre, les crèches, les forts, la maison des Sarrasins, et même cette grotte de Roland où fut trouvé, il y a cinq siècles, un cor arabe de la plus magnifique beauté; Seillonas, Ordonnas, Benonce reçurent les colonies africaines; la vallée d'Amby, de l'autre côté du Rhône, vit se dresser un camp formidable que les voyageurs vont encore visiter. La tradition raconte de longs et sanglants combats livrés entre les Séquanes, les Ambarres, les Allobroges et les légers cavaliers de l'Arabie Ces derniers furent probablement vainqueurs, puisque partout ils parvinrent à se maintenir dans les vallées qu'ils avaient choisies et où sont encore leurs descendants.

Si le paysan qui passe sur la montagne est brun, maigre avec le regard ardent, un nez aquilin, l'œil enfoncé sous l'orbite; si ses cheveux d'un noir de corbeau ont des reflets bleus au soleil; s'il répond au nom de Babolah, Kaffou, Tabardet, Ciza-Cartet, Ciza-Buiron, Alamercery, ou Galaffre comme un héros de l'Arioste, demandez-lui s'il n'appartient pas à une famille sarrasine, et, l'œil attaché sur vous pour approfondir votre pensée, soyez certain qu'il vous répondra affirmativement.

Messieurs Monnier, Riboud, Guillemot, Lapierre, Fauché-Prunelle, ont réuni de curieux et précieux documents sur le séjour des Arabes dans la Franche-Comté, la Bresse, le Bugey, la Savoie et le Dauphiné; mais ces savants modestes ont fait des chapitres, des monographies, non un livre; les historiens de longue haleine n'ont pas encore utilisé leurs travaux, et, malgré l'ouvrage de M. Reinaud, l'histoire de l'invasion des Sarrasins est encore à faire, surtout au point de vue de nos pays.

L'influence de cette invasion fut grande sur la civilisation de nos contrées. Outre les connaissances pratiques dont la médecine, l'agriculture (1) et l'industrie profitèrent; outre la bougie, le papier, l'ouate, la bourrache, le tambour qu'ils firent connaître à la Gaule, les Arabes dotèrent la Bresse de cette race admirable de chevaux que les mauvais soins n'ont pu faire dégénérer; de ces volailles que les gourmets ont rendues célèbres (2); de ce blé noir, fortune du pauvre, que le Dombiste mange, en pâte légère délayée dans de l'eau ou du lait et cuite légèrement entre deux plaques brûlantes, comme le voyageur du désert; le commerce s'est enrichi de ces chiffres simples et commodes qui ont fait presque oublier la numération embarrassée des Romains; la langue s'est emparée d'une foule de mots dont elle ne pourrait plus se passer, depuis *alambic* jusqu'à *taffetas* (3); mais, surtout, il est un nom qui mérite l'attention de l'historien et qui serait une révélation, si l'histoire ne devait accepter qu'avec réserve ce qui lui est appris par les poètes. Voilà ce que dit M. de Lamartine, dans cette prose magique dont lui seul a l'usage et qui est une poésie comme tout ce qui jaillit de sa puissante imagination :

« Quand on chemine à pied de Mâcon à Saint-Claude, on trouve d'abord la Bresse, bocagère et plane comme la grasse Attique, ruisselant d'huile, entre le Pyrée et Athènes.

« L'olivier de la Bresse, c'est le pâle saule qui ne verse que l'ombre légère aux vaches blanches des prairies et qui, tondu tous les trois ans par la serpette de l'émondeur, penche son tronc chauve sur les mares ou sur les étangs. On croit lire une églogue de Virgile : « *O utinam !* et plût aux dieux

(1) L'agriculture, en Sicile, dut aux Arabes ses plus grands progrès : le coton apporté par eux des champs syriens, la canne à sucre, le frêne qui produit la manne, le pistachier, etc., etc. » (EBN-KHALDOUN, *Histoire de l'Afrique*.)

(2) *Courrier de l'Ain*, la *Presse*.

(3) Nous pouvons citer : alcali, alchimie, alcool, algarade, algèbre, almanach, ambre, amiral, mesquin.

« que je n'eusse été qu'un pauvre émondeur de saules sur
« les rives du lac ou du Mincio, dans cette laiteuse Lombar-
« die, Bresse de l'Italie! »

« A l'extrémité de cette plaine virgilienne de la Bresse,
on rencontre tout à coup, au lieu de l'eau stagnante et fié-
vreuse des prairies de la Dombes, une rivière bleue comme
le firmament de la Suisse italienne, joueuse comme des enfants sur des cailloux, écumante comme l'eau de savon battue
par le battoir de la lessiveuse, gazouillante comme une volée
de tourterelles bleues et blanches abattues sur un champ de
lin en fleurs , jetant ses petits flocons d'écume çà et là, sur
son cours, comme ces oiseaux éparpillant leurs plumes en se
peignant du bec sur les touffes du lin ; on s'arrête, tout éton-
né, sur la grève des cailloux arrondis par le roulis éternel de
cette rivière de montagne, débouchant, tout étonnée elle-même,
dans la plaine. On demande son nom au premier batelier qui
passe et qui rattache son petit bateau de pêche à un tronc de
saule pour verser son filet, frétillant de truites, sur le sable.
—C'est la rivière d'Ain, vous dit-il avec un air de fierté locale,
la rivière qui descend du Jura et qui donne son nom à toutes
ces plaines.

« Si, comme moi, vous avez chevauché dans les déserts et
dans les vallées des deux Arabies, vous reconnaîtrez bien vite
que les hommes, descendus de Tartarie en Arabie, d'Arabie
en Scythie, de Scythie en Hongrie, de Hongrie en Franche-
Comté et en Bresse, ont passé par là, ont colonisé ces contrées, et ont imposé, au plus beau fleuve du pays , ce nom
arabe et générique d'Ain (l'eau par excellence) dont, en per-
dant l'accent Aïn , nos pères , moins euphoniques que les
Arabes, ont fait Ain , nom rendu guttural et trivial comme
le balbutiement à bouche ouverte d'un enfant hébété. C'est
le progrès selon la doctrine des *progressistes indéfinis*, ces
adorateurs obstinés du temps, qui les dément dans les langues

comme dans les choses ; ces adorateurs du présent, qui les dé-
vore eux-mêmes, et qui anéantit tout autant de choses hu-
maines qu'il en crée.

« Mais pardon de cette digression déplacée à propos de la
rivière d'Ain, à laquelle les Arabes avaient donné un nom
sonore comme l'écho des rochers d'où il tombe en cascades
de saphir, et que les Gaulois ont rendu muet comme leur
langue de corne et de caoutchouc.

« Après s'être rafraîchie et enivrée comme l'Arabe lui-
même au vent, cette rivière, femelle du Rhône, se précipite
vers lui en face des plaines du Dauphiné. »

Ainsi donc, croyance poétique et gracieuse, ce serait aux
Musulmans que ce torrent bleu, que nos paysans appellent la
grand'rivière, doit son nom ? Ce mot est, dans le désert, le
nom de l'eau par excellence ; c'est aussi le cristal de l'œil,
limpide et pur comme l'eau des fontaines ; c'est l'onde, pour
nos populations qui n'ont jamais à souffrir de sa privation,
Aïn pour la caravane altérée qui voit devant elle la délivrance
et la vie. D'après M. de Lamartine, les tribus poursuivies
par l'épée de Charles-Martel ont salué ces flots d'un cri de
joie ; ce cristal si pur, ce miroir étincelant, c'était la barrière
infranchissable pour leurs ennemis ; c'était la fin de leurs
angoisses et de leur terreur ; c'était, comme au désert, la
délivrance, Aïn, la rivière ! Pardonnons la distraction du
poète, qui a fait venir nos parrains par la Hongrie et l'Alle-
magne : acceptons ce baptême dont se porte garant un homme
de génie, et voyons-y une preuve de plus du rôle immense que
les guerriers de l'Yemen et du Nedjd ont joué dans nos
pays.

Mais, diront à leur tour les hommes graves, oubliez-vous
le vieux nom, l'antique nom de notre poétique rivière, le
Danus des chartes et des cartulaires, le Dain de notre ancien
langage, dont la racine paraît être la même que celle du

Danube, nom autochthone, imposé, avant les Arabes, par nos pères les Gaulois (1)? Eh puis! ajouteront les personnes délicates, est-il convenable de s'enorgueillir d'une appellation qui rappellerait un peuple mécréant, souillé de sang, ennemi de notre culte, destructeur de nos lieux saints, enrichi des dépouilles de notre patrie, chargé de la malédiction de nos pères? La première observation seule a du poids, la seconde nous paraît futile.

On n'a point horreur du souvenir des Romains ; leurs monuments ont couvert notre sol, et cependant qu'étaient les compagnons de Romulus? d'infames bandits. Qu'étaient les guerriers de César? d'avides et rapaces conquérants. Qu'étaient nos gouverneurs? des proconsuls, dont le nom est resté comme une tache et une injure. Si, au lieu de maudire chaque trace de leurs pas sur le sol sacré de la Gaule, on se pare et on se vante des stygmates que nous ont laissés ces cruels dominateurs, toute vérité historique mise à part, toute étymologie réservée, que notre rivière s'appelle Aïn ou Dain, nous ne voyons pas qu'on ait à rougir de ce qui peut rappeler dans nos contrées les compatriotes de Job, d'Avicennes et d'Antar (2).

(1) « Mots qui se rapportent également au kymrique et au gaëlique : *dan*, audacieux, violent. » Roget, baron de Belloguet, *Ethnogén. gaul.*)

« Si le nom originaire est Aïn, c'est un vieux mot celtique qui signifie *source, fontaine*, et qui même a cette signification dans les langues orientales. » Bullet-Tholon, *Recherches sur les origines celtiques*, t. i. p. 192.

(2) Voyez Paradin, Chorier, J.-Cl. Martin, Jean Brunet, Lapierre, Thomas Riboud, Lateyssonnière, MM. Paul Guillemot, Chaix, Borel d'Hauterive, Fauché-Prunelle, D. Monnier, etc.